मेरी कलम से...
मेरी कुछ चंद कविताएं

अंकित कुमार

Publishing
of Notion Press

XpressPublishing
An imprint of Notion Press

Old No. 38, New No. 6
McNichols Road, Chetpet
Chennai - 600 031

First Published by Notion Press 2019
Copyright © अंकित कुमार 2019
All Rights Reserved.

ISBN 978-1-79413-907-7

This book has been published with all efforts taken to make the material error-free after the consent of the author. However, the author and the publisher do not assume and hereby disclaim any liability to any party for any loss, damage, or disruption caused by errors or omissions, whether such errors or omissions result from negligence, accident, or any other cause.

While every effort has been made to avoid any mistake or omission, this publication is being sold on the condition and understanding that neither the author nor the publishers or printers would be liable in any manner to any person by reason of any mistake or omission in this publication or for any action taken or omitted to be taken or advice rendered or accepted on the basis of this work. For any defect in printing or binding the publishers will be liable only to replace the defective copy by another copy of this work then available.

स्मृति मेरे सृजक की

क्रम-सूची

1. हर दिन तिरंगा फहराना चाहता हूँ... — 1
2. बस यहीं जिंदगी है... — 3
3. इस असम्भव भीड़ में, तू खुद को रच... — 5
4. अध्याय 4 — 7
5. अध्याय 5 — 9
6. समय परिवर्त — 10
7. अध्याय 7 — 15
8. अध्याय 8 — 16
9. अध्याय 9 — 17
10. अध्याय 10 — 18
11. अध्याय 11 — 19
12. अध्याय 12 — 20
13. अध्याय 13 — 21
14. अध्याय 14 — 22
15. अध्याय 15 — 23
16. अध्याय 16 — 24
17. अध्याय 17 — 25
18. अध्याय 18 — 26
19. अध्याय 19 — 27
20. अध्याय 20 — 28
21. अध्याय 21 — 29
22. अध्याय 22 — 30

क्रम-सूची

23. अध्याय 23	31
24. अध्याय 24	32
25. अध्याय 25	33
26. अध्याय 26	34
27. अध्याय 27	35
28. अध्याय 28	36
29. अध्याय 29	37
30. अध्याय 30	38
31. अध्याय 31	39
32. अध्याय 32	40
33. अध्याय 33	41
34. अध्याय 34	42
35. अध्याय 35	43
36. अध्याय 36	44
37. अध्याय 37	45
38. अध्याय 38	46
39. अध्याय 39	47
40. अध्याय 40	48

1. हर दिन तिरंगा फहराना चाहता हूँ...

☙☙☙

तुझसे जुड़ कर,
देश का मान-सम्मान बड़ाना चाहता हूँ,
स्वतंत्र-गणतंत्र दिवस पर सिर्फ नहीं...
हर दिन तिरंगा फहराना चाहता हूँ...
तू मुझ में है,
मैं तुझ में हूँ,
तेरी सुरक्षा ही,
मेरी सुरक्षा,
बन सैनिक ,करता तेरी रक्षा,
मरकर भी तेरा कफ़न ओड़ना चाहता हूँ,
स्वतंत्र-गणतंत्र दिवस पर सिर्फ नहीं...
हर दिन तिरंगा फहराना चाहता हूँ...
खुले आकाश में यूं लहराना तेरा,
स्वतंत्र परिंदे का आकाश में जैसा ,
तेरी गरिमा का एहसास दिलाता है,
सिर्फ इस दिल में नहीं, हर दिल में,
तेरा शांति-प्रेम बसाना चाहता हूँ,
स्वतंत्र-गणतंत्र दिवस पर सिर्फ नहीं...
हर दिन तिरंगा फहराना चाहता हूँ...
भाईचारे की निशानी है तू,

मेरी कलम से...

हमारी कहानी है तू,
हमारे पूर्वजों की जुबानी है तू,
हिन्दू-मुस्लिम, सिख- ईसाई की कुर्बानी है तू,
मैं तुझसे ही धर्मनिरपेक्षता का संचार करना चाहता हूँ,
स्वतंत्र-गणतंत्र दिवस पर सिर्फ नहीं ...
हर दिन तिरंगा फहराना चाहता हूँ...
तेरा सम्मान बना रहे,
तेरा सर्वोत्तम इतिहास बना रहे,
तू सबका सपना बनकर,
सबकी आँखों में फलता- फूलता रहे
बस हर जगह तेरा प्रचम लहराता रहे
वो जहां देखना चाहता हूँ,
स्वतंत्र-गणतंत्र दिवस पर सिर्फ नहीं...
हर दिन तिरंगा फहराना चाहता हूँ...2

2. बस यहीं जिंदगी है...

जिन्दगी के, मैं कितने इम्तिहान पास करू
एक पास करता हूं तो, हो जाता है दूसरा शुरू
फिर लड़ता हूं, गिरता हूं
फिर संभलता हूं , संघर्ष करता हूं
फिर से लड़ता हूं, ओर प्रास्त कर देता हूं
अपने ज्ञान-शील हथियार से
फिर मन में खुशी होती है कि
चलो ऐ भी इम्तिहान पास कर दिया मैंने
इधर खुशी की शुरूआत हुई, ही होती है कि
मेरे दरवाजे पर कोई दस्तक देता है
दरवाजा खोलता हूं ओर देखता हूं कि
एक ओर तलवार मेरी गर्दन पर लटक रही होती है
ओर देखता हूं कि इस बार संघर्ष लंबा और ज्यादा कठिन है
मगर मैं हार नहीं मानता हूं
फिर से तैयार होता हूं ,
अपने ज्ञान-शील हथियार के साथ
फिर से जीत हासिल करता हूं उस पर
हाँ,
मैं अब थोड़ा थक चुका हूं
मगर, फिर भी दस्तक देना चाहता हूं
एक जनून और लगन के साथ
फिर से नई चुनौतियों का सामना करना चाहता हूं
फिर से इन्हें प्रास्त करना चाहता हूं

फिर से जिन्दगी का वही दौर शुरू हो जाता है
ये दौर बस यूं ही चलता रहता है....2
बस यहीं जिंदगी है...2

3. इस असम्भव भीड़ में, तू खुद को रच...

जो मिला नहीं
उसे याद रख
इस असम्भव भीड़ में
तू खुद को रच...
जन्मा होगा इस धरा पर तू जब
माता-पिता और संबंधियों ने सपने देखें होंगे
तेरे भविष्य के तब
मगर तू, अपनी आँखों में सपने पलने दे ज़रा
इस असम्भव भीड़ में, तू खुद को रच...
बड़ा हुआ होगा तू जब
उन्होंने सलाह दी होगी तुझे
महान पद-चिह्नों पर चलने की तुझे
मगर, अपने पद-चिन्ह तू खुद रच
इस असम्भव भीड़ में, तू खुद को रच...
फूलों पर चलना सिखएंगे लोग तुझे
जो सिर्फ तेरे भविष्य का संदेश-वाहक होगा
मगर, उससे तसल्ली नहीं मिलेगी तुझे
तू काँटों पर चलकर, अपना भविष्य निर्माण कर
इस असम्भव भीड़ में, तू खुद को रच...
तेरे संबंधियों की निर्मित परछाई जो होगी
पीछा करेंगी हर वक़्त तेरा
जैसे केवट अपनी नईया पार लगाए

वैसे ही, अपने जीवन की नईया तू खुद पार लगा
अपने परछाई का खुद ही निर्मातदाता बन
इस असम्भव भीड़ में
तू खुद को रच...
हार मिलेगी इन राहों में तुझे
एक बार नहीं, सौ बार सही
क्योंकि समय ले रहा होगा तेरी परीक्षा
पर तनिक भी तू पीछे मत हट
मगर जो मिला नहीं
उसे याद रख
इस असम्भव भीड़ में
तू खुद को रच...

अध्याय 4

अलविदा साथियों
अब कहने का वक़्त आ गया है
तीन बरस (बरसों) की यादों को साथ समेत कर (के),
चलने का वक़्त आ गया है
मगर अभी थोड़ा वक़्त है
आखिरी मुलाकात है
चलें थोड़ा और साथ मुस्कुरा लें
खेल-कूद लें और मस्ती कर लें
चलें फिर से कुछ शरारत कर लें
और रुठे हुए को फिर से मना लें
हो दिल में, बातें जो भी
चालों आज बयां, कर दें वो भी
गिलें-शिक़वे भुलाकर हैम भी
चलों गले लग जाएं, आज हम भी
हाँ, पंक्षी की तरह कुछ पल साथ रहें तुम भी
अब, तुम भी तो सात-समंदर पार चलें जाओंगे
फिर मौका मिले या न मिले
चलें फिर कुछ पल और साथ जी लें
गीली रेत पे, कुछ निशान छोड़ के
और कुछ पल अपनी मुठ्ठी में समेट लें
क्योंकि, जब भी तुम गुजरोंगे यहाँ से
तो तुम्हें भी हमारी याद आएं

और इन यादों के साथ
अब (आज) तुम्हें हम अलविदा कहते हैं
फिर मिलेंगे हम, इन राहों पे चलते-चलते
ये उम्मीद करते हैं, हम आप सब से...
अलविदा साथियों
अब कहने का वक़्त आ गया है
तीन बरस (बरसों) की यादों को साथ समेत कर (के),
चलने का वक़्त आ गया है

अध्याय 5

6. समय परिवर्त

Author Ankit kumar

एक कस्बा है जहाँ तीन लड़के और दो लड़कियां रहती हैं, जो कि विकलांग है। लेकिन उन्हें कभी इस बात अफ़सोस नहीं हुआ कि वे विकलांग है। इनके नाम हैं प्रिंस (जो अंधा है), सचिन (जो पैरों से अंगहीन है), आकाश (जो गूँगा है), कल्याणी (जो हाथों से विकलांग है), और ऊषा (जो सुन नहीं सकती)। कुछ वर्षों के बाद, जब उनकी पढ़ने-लिखने की उम्र हो जाती है तो उनके माता-पिता उन्हें अच्छी शिक्षा प्रात करवानें की सोचते है, इसलिए उनका दाखिला करवानें के लिए कई विद्यालय के चक्कर लगाते हैं और बहुत कोशिश करते हैं मगर उनका दाखिला नहीं होता , क्योंकि उन विद्यालयों में विकलांग बच्चों को नहीं पढ़ाया जाता है। आखिर कार, इनके माता-पिता हार मान के घर बैठ जाते हैं।

इसी कस्बे में एक बूढ़ा व्यक्ति रहता है। एक दिन वो बस्ती में घूमने के लिए निकलता है और घूमते-घूमते वो बूढ़ा व्यक्ति कल्याणी के घर के नजदीक पहुँचता है। वहाँ वह कल्याणी के पिता जी को उदास देखता है इसलिए उदासी का कारण जानने के लिए उनके पास जाता है ओर कहता है कि:

ओर भाई साहब क्या हाल-चाल हैं आपके ! सब कुछ खैरियत से तो है ना!

कल्याणी के पिता:(आह ! भरते हुए) कहते हैं कि: हाँ बाबू जी सब कुछ ठीक-ठाक है (खैरियत है), बस थोड़ा बच्चे के दाख़िले के लिए परेशान हूँ।

बूढ़ा व्यक्ति:स्कूलों में बच्चे के दाखिले के लिए गए थे क्या ? कल्याणी के पिता: हाँ, गया था ! कई दिनों से स्कूलों के चक्कर काट-काट कर दिमाग़ ख़राब हो गया है। स्कूल

वाले कहते हैं कि हमारे स्कूलों में विकलांग बच्चों को नहीं पढ़ाया जाता है और न ही हम इन्हें पढ़ा सकते है। तब से मैं परेशान हूं कि इनका भविष्य क्या होगा ?

बूढ़ा व्यक्ति: गुस्सा होकर ! आजकल शिक्षा एक मौलिक अधिकार तो है मगर बिकाऊ है। (सोचते हुए) खैर मेरी नजर में एक स्कूल (संस्था) है जहाँ नॉर्मल बच्चों के साथ विकलांग बच्चों को भी पढ़ाया जाता है वो भी विभिन्न तकनीक के साथ और साथ-साथ तकनीकी शिक्षा भी दी जाती है जो उनके भविष्य में लाभकारी होता है।

कल्याणि के पिता: अच्छा! (खुश होते हुए) ऐसे भी स्कूल है जहां मैं अपने बच्चे को अच्छी शिक्षा दिलवा सकता हूँ।

बूढ़ा व्यक्ति:हाँ! मगर (थोड़ा निराश होते हुए) एक समस्या है !

कल्याणी के पिता: (हैरान होते हुए) क्या ?

बूढ़ा व्यक्ति:यही कि स्कूल यहाँ से थोड़ा दूर है और ऊपर से बच्चों को आने जाने में दिक्कत भी होगी।

कल्याणि के पिता:हाँ! ये तो है, मगर हम इस समस्या को बाद में देख लेंगें या फिर कोई वाहन वगैरा कर देंगें बच्चों को लाने-ले जाने के लिए । क्या कहते हो ?

बूढ़ा व्यक्ति: हाँ ! ये ठीक रहेगा। (स्कूल का पता बताते हुए) अच्छा बेटा फिर इस पता पर चले जाना । अब मैं चलता हूँ, मगर ध्यान से स्कूल चले जाना।

रात को ही कल्याणि के पिता, प्रिंस, आकाश, ऊषा और सचिन के पिता से मुलाक़ात करते हैं और अगली सुबह स्कूल जाने का प्लान करते हैं। अगले दिन, पाँचों बच्चे और उनके माता-पिता स्कूल में दाखिला करवाने के लिए निकल जाते हैं और बच्चों की ख़ुशी का ठिकाना नहीं रहता। सभी

स्कूल के प्रिंसिपल से मिलते हैं और बच्चों के दाखिले की बात करते हैं।

अभिभावक: नमस्ते ! सर जी

प्रिंसिपल: नमस्ते ! आइये बैठिए। मैं आप सब की क्या सेवा कर सकता हूँ (कोई मेरे लायक़ सेवा)।

अभिभावक: (हँसते हुए) सर ये क्या कह रहें हैं आप , आप के लायक़ सेवा हमारे पास कहाँ। बस एक छोटा सा काम था, अगर हो जाता तो बड़ी मेहरबानी होती।

प्रिंसिपल: बताये क्या काम है ?

अभिभावक: सर, अपने बच्चों का दाखिला करवाना है, अगर हो जाता तो...

प्रिंसिपल: अरे ! इसमें कौन सी बड़ी बात है, हो जाएगा। बस कुछ बच्चों के डॉक्यूमेंट जमा करवाना होगा। बच्चे कहाँ है ?

अभिभावक: सर, बच्चे बाहर बैठे हुए हैं, बुलालें।

प्रिंसिपल: जी हाँ! पांचों बच्चे अंदर आते और प्रिंसिपल, बच्चों से कुछ सवाल-जवाब करते हैं। उसके बाद उनको फिर बाहर बैठने को कहते हैं। उसके बाद:

प्रिंसिपल: बच्चों का दाखिला हो जाएगा, मगर बच्चे डिसेबल (विकलांग) कैटेगरी से हैं और आप सब का घर भी थोड़ा दूर है इसलिए आने-जाने में कई दिक्कतों का सामना करना पड़ सकता है।

अभिभावक: हाँ सर, वो तो है मगर हम सोच रहे थे कि बच्चों के आने-जाने के लिए गाड़ी का बंदोबस्त कर देते हैं।

प्रिंसिपल: हाँ, ये ठीक रहेगा। लेकिन आप गवर्मेंट बस सेवा का उपयोग क्यों नहीं करते, जो आपके बच्चों को घर के पास से pic up कर लेगी और स्कूल के सामने छोड़ देगी।

मेरी कलम से...

बस बच्चों को स्कूल से बस स्टैंड तक पैदल चलना पड़ेगा जो तकरीबन आधा- किलोमीटर होगा।

अभिभावक:(आपस में बात करने के बाद) हाँ, सर ये भी ठीक रहेगा मगर अभी बच्चे सड़क पर चलने में उतने सक्षम नहीं हैं।

प्रिंसिपल:तो फिर कुछ दिनों तक आप सब ही बच्चों को स्कूल छोड़ दीजिएगा। तबतक हम बच्चों को trand कर देंगे, क्योंकि इस जिंदगी के जंग में तो इन्हें ही जंग लड़ना है और चुनौतियों से भरे जीवन का सामना भी, ताकि बच्चे किसी पर निर्भर न रहे और ख़ुशहाल भरी जिंदगी जी सकें। अच्छा मैं बच्चों का दाखिला कर देता हूँ , आप बच्चों को 1 तारिक से भेज दीजिएगा।

अभिभावक:सर, आपका बहुत बहुत धन्यवाद। अच्छा हम सब चलते है। पांचों बच्चों का दाखिला हो जाता है और बच्चों और उनके माता-पिता का खुशी का ठिकाना नहीं रहता। अब सभी 1 तारिक आने का बेसबरी से इंतजार करते हैं।

- अंकित कुमार

अध्याय 7

अध्याय 8

अध्याय 9

अध्याय 10

अध्याय 11

अध्याय 12

अध्याय 13

अध्याय 14

अध्याय 15

अध्याय 16

अध्याय 17

अध्याय 18

अध्याय 19

अध्याय 20

अध्याय 21

अध्याय 22

अध्याय 23

अध्याय 24

अध्याय 25

अध्याय 26

अध्याय 27

अध्याय 28

अध्याय 29

अध्याय 30

अध्याय 31

अध्याय 32

अध्याय 33

अध्याय 34

अध्याय 35

अध्याय 36

अध्याय 37

अध्याय 38

अध्याय 39

अध्याय 40